GUÍA DE ESTUDIO

Copyright © 2021 Nicole Crank

Publicado por Avail

Todos los derechos reservados. Ninguna parte de esta publicación puede ser reproducida, almacenada en sistemas de búsqueda o transmitida de ninguna manera ni por ningún medio –electrónico, mecánico, fotocopia, grabación u otro– excepto por citas breves en reseñas escritas, sin el consentimiento previo, por escrito, del autor.

El texto Bíblico indicado con NTV ha sido tomado de la Santa Biblia, Nueva Traducción Viviente, © Tyndale House Foundation, 2010. Utilizado con permiso de Tyndale House Publishers, Inc., Carol Stream, IL 60188, Estados Unidos de América. Todos los derechos reservados. | El texto Bíblico indicado con TLA ha sido tomado de la Santa Biblia, Traducción en lenguaje actual Copyright © Sociedades Bíblicas Unidas, 2000. Usado con permiso de Biblica, Inc. S | El texto Bíblico indicado con RVC ha sido tomado de la Santa Biblia, Reina Valera Contemporánea ® © Sociedades Bíblicas Unidas, 2009, 2011. | El texto Bíblico indicado con RVA1960 ha sido tomado de la Santa Biblia, versión Reina-Valera © 1960 Sociedades Bíblicas en América Latina; © renovado 1988 Sociedades Bíblicas Unidas. Utilizado con permiso. Todos los derechos reservados.

Diseño de portada por Joe Deleon
Fotografía de diseño: Chosen Prohotography

Originalmente publicado en inglés bajo el título Goal-Getters: 5 Steps to Finally Getting What You Want Study Guide

Servicios de traducción y revisión por God-First Arts Inc.
Traductora: Pamela Praniuk

ISBN: 978-1-954089-59-4   1 2 3 4 5 6 7 8 9 10

Impreso en los Estados Unidos de América

CUMPLIDORES DE OBJETIVOS

5 pasos para obtener lo que te propones

GUÍA DE ESTUDIO

NICOLE CRANK

AVAIL

ÍNDICE

Preparándote
Bistec, huesos y perros calientes:
preparando tu capacidad de soñar 6

Paso uno:
Fíjalo y alcánzalo:
cómo soñar y trazar tus objetivos 12

Paso dos:
Define tu visión:
convierte tus sueños en metas 18

Paso tres:
Avanza: El plan de acción para llegar a la meta 24

Paso cuatro:
Obtén resultados:
los beneficios del compromiso 34

Paso cinco:
¡Celebra! Disfruta la recompensa 44

Bonus:
Consejos, trucos e ideas clave 52

¡Estás cambiando tu forma de pensar y eso cambiará cómo vives tu vida!

—NICOLE CRANK

Preparándote

Bistec, huesos y perros calientes: preparando tu capacidad de soñar

"Nos hemos conformado con las sobras. Hemos estado sobreviviendo de las sobras que nos tiran. En este día quiero animarte: no vivas más una vida de 'sobras'". —Nicole Crank

TIEMPO DE LECTURA

Lee el capítulo 1 "Preparándote" en el libro *Cumplidores de objetivos*, medita en las preguntas de reflexión y discute tus respuestas con tu grupo de estudio.

¿En qué áreas de tu vida te has conformado con los "huesos" en vez de disfrutar del "bistec" que Dios tiene para ti? Explica tu respuesta.

_____
_____
_____
_____
_____
_____

¿Qué te ha estado reteniendo y ha impedido que identifiques tus metas y objetivos?

_____
_____
_____
_____
_____
_____
_____

PARA REFLEXIONAR

Lee Hebreos 11:6 (RVC)

"Sin fe es imposible agradar a Dios, porque es necesario que el que se acerca a Dios crea que él existe, y que sabe recompensar a quienes lo buscan".

¿En qué área has limitado el tamaño de tus sueños, pero ahora es tiempo de llevarlos al próximo nivel?

_____
_____
_____
_____
_____
_____
_____

¿Cómo te sientes al escuchar que Dios puede hacer mucho más de lo que pides o entiendes y que Él desea hacerlo en tu vida?

_____
_____
_____
_____
_____
_____
_____

Mirando los "Cinco pasos prácticos" que Nicole presenta en esta sección, ¿cuál es el que más te emociona? ¿A cuál necesitas dedicarle más tiempo y atención?

_____
_____
_____
_____
_____
_____
_____
_____

COMPARTE TU HISTORIA

"Si vives con una mentalidad pequeña te quedarás exactamente donde el enemigo te quiere. Hay fuerzas espirituales que tus ojos no ven que procuran impedirte que sueñes. Es tiempo de liberar esos sueños".
—Nicole Crank

Comparte tu historia en las redes sociales:

Nicolecrank.com/letstalk

goalgetters

NicoleCrank

¿Cómo has visto el plan de Dios para tu vida manifestarse? ¿En qué áreas has crecido y has sido desarrollado o desarrollada? ¿Cómo te ha usado Dios?

_____
_____
_____
_____
_____
_____
_____
_____

¿Cuáles pasos prácticos vas a dar en preparación para este viaje? Podrías estrenar tu agenda, identificar algunos pasajes bíblicos clave y escribirlo o pegarlos en algún lugar visible, o buscar una persona a quien puedas rendirle cuentas.

_____
_____
_____
_____
_____
_____
_____
_____
_____

Paso uno:
Fíjalo y alcánzalo: cómo soñar y trazar tus objetivos

"¿Qué tendrías que acontecer para que este año fuera el mejor año de tu vida?" —Nicole Crank

TIEMPO DE LECTURA

Lee el capítulo 1 "Paso uno: Fíjalo y alcánzalo" en el libro *Cumplidores de objetivos*, medita en las preguntas de reflexión y discute tus respuestas con tu grupo de estudio.

¿Alguna vez te has desviado de tus metas y sueños? ¿Por qué crees que te desviaste?

_____
_____
_____
_____
_____

¿Por qué es tan importante orar y pedirle a Dios que confirme las metas y objetivos que fijamos para nosotros mismos? ¿Cuál es el riesgo si no lo hacemos?

_____
_____
_____
_____
_____
_____
_____

PARA MEDITAR

Lee Proverbios 3:6 (TLA)

"Toma en cuenta a Dios en todas tus acciones, y él te ayudará en todo".

En esta sección, estudiamos Isaías 55:8-9 (NVI). ¿Cómo afecta esta verdad sobre los caminos y los pensamientos de Dios nuestro proceso de fijar metas y objetivos?

_____
_____
_____
_____
_____
_____

¿Cuáles son tus metas y objetivos? Toma 3 minutes para orar y escribirlos. ¡Esto automáticamente aumentará la probabilidad de que alcances tus metas y logres tus objetivos!

1._____

2._____

3._____

4._____

5._____

6._____

7._____

8._____

9._____

COMPARTE TU HISTORIA

"Si tienes en claro tu visión, entonces tendrás claridad en tu vida".
—Nicole Crank

Comparte tu historia en las redes sociales:

Nicolecrank.com/letstalk

goalgetters

NicoleCrank

¿Por qué piensas que la pastora Nicole escribió: "Si la magnitud de nuestros sueños no nos asusta un poco, entonces puede que estemos caminando por lo que vemos y no por fe"? ¿Te intimidan tus sueños? ¿O te sientes absolutamente cómodo o cómoda cuando piensas en ellos?

_____
_____
_____
_____
_____
_____
_____

Vuelve a mirar tu lista de metas y objetivos. ¿Hay algún cambio que puedas hacer para ser más específico o específica? ¿Qué parámetros o puntos de referencia puedes añadir para que tus objetivos sea más medibles y alcanzables?

_____
_____
_____
_____
_____
_____
_____
_____

¿Cómo te sientes ahora que tienes una lista concreta de metas medibles y alcanzables?

_____
_____
_____
_____
_____

Te invito a que pases un tiempo en oración y le pidas a Dios que te acompañe y que bendiga tus metas y objetivos. Busca su confirmación a medida que avanzas y, en el espacio a continuación, escribe tus pensamientos, palabras, u otras notas que quieras recordar.

_____
_____
_____
_____
_____

¡Vale más tener un lápiz corto que una memoria larga!
—NICOLE CRANK

Paso dos:
Define tu visión: convierte tus sueños en metas

"La claridad es el producto de convertir nuestras metas en una visión a todo color e internalizarla".—Nicole Crank

TIEMPO DE LECTURA

Lee el capítulo 1 "Paso dos: Define tu visión" en el libro *Cumplidores de objetivos*, medita en las preguntas de reflexión y discute tus respuestas con tu grupo de estudio.

¿Has usado la visualización alguna vez para obtener más claridad en tus metas y objetivos? Si lo has hecho, ¿cómo lo hiciste? Si nunca lo has hecho, ¿cómo podrías usar esta herramienta para acercarte más a tus metas y objetivos?

_____
_____
_____
_____
_____
_____

¿Por qué piensas que tantas personas se dan por vencidas al poco tiempo de fijar sus metas y resoluciones de Año Nuevo?

_____
_____
_____
_____
_____
_____

PARA REFLEXIONAR

Lee Isaías 54:2-3 (RVA-2015)

"Ensancha el sitio de tu tienda,
  y sean extendidos los tapices de tus moradas.
No te limites; alarga tus cuerdas
  y afirma tus estacas.
Porque vas a extenderte a la derecha
  y a la izquierda;
tus descendientes heredarán naciones
  y habitarán las ciudades desoladas".

¿Hay algo que te haya resaltado o impactado del por qué es importante escribir y volver a escribir tus metas y objetivos? ¿Cómo cambió tu perspectiva como resultado del ejercicio en este capítulo?

___
___
___
___
___

¿Por qué es importante darle prioridad al escribir tus metas y objetivos por la mañana en vez de esperar hacerlo por la tarde?

___
___
___
___
___
___

¿Dirías tú que tu pasado determina tu futuro? ¿U operas relativamente independientemente de tu pasado? Explica tu respuesta.

_____
_____
_____
_____
_____
_____
_____

¿Qué necesitarás para completar los 30 días seguidos de escribir tus metas y objetivos en papel exitosamente? Visita nicolecrank.com/workbooks donde encontrarás varios recursos descargables gratuitos.

_____
_____
_____
_____
_____
_____
_____

COMPARTE TU HISTORIA

"Escoge un área específica por donde comenzar y de ahí podrás crecer. Organiza primero tu mente".
—Nicole Crank

Comparte tu historia en las redes sociales:

Nicolecrank.com/letstalk

goalgetters

NicoleCrank

¿Has hecho alguna vez una pizarra de visión? ¿Qué aspecto de esta idea te incentiva? ¿Hay algún aspecto que te intimide? (Recuerda que el sentirte intimidado o intimidada no es necesariamente algo malo).

_____
_____
_____
_____
_____
_____

Basado en esta sección, ¿cómo te ayuda la definición de tus metas y objetivos a creerle más a Dios? ¿Cómo ayuda a que tu fe crezca?

_____
_____
_____
_____
_____
_____

¿Te ha costado alguna vez mantener la emoción y la motivación de tu visión? ¿Te ha aburrido alguna vez? ¿Cuáles de los consejos en este capítulo –o de tu propia vida— te han ayudado a despertar tu pasión?

_____
_____
_____
_____
_____
_____

A medida que terminas este capítulo, ¿cuáles son los puntos clave que has aprendido y quieres recordar?

_____
_____
_____
_____
_____
_____
_____
_____
_____
_____

Hay poder en no darse por vencido.
—NICOLE CRANK

Paso tres:
Avanza: El plan de acción para llegar a la meta

"Tú eres quien determinará cuáles son las preguntas más difíciles en tu vida. Tú sabes bien en qué área necesitas mejorar y crecer. Así que mide cada métrica y cada ítem que esté relacionado con tu meta" —Nicole Crank

TIEMPO DE LECTURA

Lee el capítulo 1 "Paso tres: Avanza" en el libro *Cumplidores de objetivos*, medita en las preguntas de reflexión y discute tus respuestas con tu grupo de estudio.

¿Por qué es tan importante definir metas u objetivos que sean medibles? ¿Cuál es el riesgo si nuestras metas u objetivos no son medibles?

_____
_____
_____
_____
_____
_____

Mira la lista de 7-10 metas que identificaste al principio de este estudio. ¿Cuáles aspectos de esas metas son medibles? ¿Cuáles son los números, parámetros, puntos de referencia, etc. que identificaste para cada una?

1._____
_____
_____
_____

PARA REFLEXIONAR

Lee Santiago 2:14 (RVC)

"Hermanos míos, ¿de qué sirve decir que se tiene fe, si no se tienen obras?".

2._____
_____
_____

3._____
_____

4._____
_____

5._____
_____

6._____
_____

7._____
_____

8._____
_____

9._____
_____
_____

10._____
_____
_____

COMPARTE TU HISTORIA

"Necesitas escribir tu plan con un lápiz porque va a tomarte varios intentos y ¡eso no tiene nada de malo! Para impulsarnos hacia nuestras metas, necesitamos un plan que sea bien pensado. Y puede que necesitemos hacer ajustes en nuestro plan de acción a medida que lo ejecutemos".
—Nicole Crank

Comparte tu historia en las redes sociales:

Nicolecrank.com/letstalk

goalgetters

NicoleCrank

Explica la importancia de analizar dónde estás en este momento. Para cada meta u objetivo, escribe algunas observaciones de dónde estás y cuál es tu plan para avanzar.

1. _____
_____
_____
_____
_____

2. _____
_____
_____
_____
_____

3. _____
_____
_____
_____
_____

4. _____
_____
_____
_____
_____

5. _____
_____
_____
_____
_____

6._____
_____
_____

7._____
_____
_____

8._____
_____
_____

9._____
_____
_____

10._____
_____
_____

Nicole habla de la importancia de hacer preguntas para poder llegar a tus metas. ¿Qué preguntas adicionales puedes plantearte a ti misma o mismo basado en tus metas específicas?

_____
_____
_____
_____
_____
_____

¿Cómo has visto tus metas y planes ajustarse en el pasado? ¿Cómo podrías o necesitarías ajustarlos o adaptarlos en el futuro?

_____
_____
_____
_____
_____
_____
_____
_____

¿Te resulta fácil o difícil ser flexible y ajustar tus metas y objetivos? Explica tu respuesta.

_____
_____
_____
_____
_____
_____
_____

La gente exitosa hace lo que la gente no exitosa no está dispuesta a hacer: seguir tomando esas decisiones difíciles.

—NICOLE CRANK

¿Cuáles son algunos de los "pequeños dolores" con los que necesitas comprometerte hoy para poder disfrutar "los grandes beneficios" mañana?

_____
_____
_____
_____
_____
_____

¿A quién puedes rendir cuentas de los pasos que definiste en este capítulo? Piensa en 1 a 3 personas que sean confiables, seguras y honestas, que puedan hablar a tu vida cuando te desvías del camino o haces concesiones en los pasos diarios rumbo a tus metas y que sepan celebrar cuando logras tus objetivos.

1._____
_____
_____
2._____
_____
_____
3._____
_____
_____

¿Qué es lo que más te asusta de alcanzar tus sueños? ¿Por qué? Explica tu respuesta.

_____
_____
_____
_____
_____
_____
_____
_____
_____
_____

Paso cuatro:
Obtén resultados: los beneficios del compromiso

"¿A dónde te diriges? Aun si has estado distraído o distraída, o si has perdido tu rumbo por completo, puedes hacer un giro y comenzar a poner un pie en frente del otro. Eso es todo lo que necesitas hacer para corregir tu rumbo".—Nicole Crank

TIEMPO DE LECTURA

Lee el capítulo 1 "Paso cuatro: Obtén resultados" en el libro *Cumplidores de objetivos*, medita en las preguntas de reflexión y discute tus respuestas con tu grupo de estudio.

Escoge una de tus metas y pregúntate: "¿Por qué haces lo que estás haciendo?". Escribe tus respuestas y pensamientos a continuación.

_____
_____
_____
_____
_____
_____
_____

¿Cómo respondes generalmente a los contratiempos, fracasos, o la pérdida de impulso al ir en pos de tus metas? ¿Corriges tu rumbo o te cuesta seguir adelante? ¿Por qué piensas que te pasa eso?

_____
_____
_____
_____
_____
_____
_____
_____
_____
_____
_____
_____

PARA REFLEXIONAR

Lee 2 Pedro 1:15 (RVC)

"También yo procuraré con diligencia, que después de mi fallecimiento, vosotros podáis siempre tener memoria de estas cosas".

¿Cuáles son los mayores obstáculos y luchas que se interponen en tu camino?

_____
_____
_____
_____
_____
_____
_____

¿Qué trabajo puede estar haciendo Dios en el intermedio –el tiempo entre fijar tus metas y cumplirlas—? ¿Por qué es tan importante esta etapa?

_____
_____
_____
_____
_____
_____
_____

¿Cómo te ha acercado el fracaso a tus metas? ¿Cómo te ha madurado y desarrollado y cómo te ha ayudado a crecer?

_____
_____
_____
_____
_____
_____
_____

COMPARTE TU HISTORIA

"La gente exitosa fracasa rumbo a la cima. Rendirse no es una opción. Están determinados a lograrlo. No se rinden antes de triunfar".
—Nicole Crank

Comparte tu historia en las redes sociales:

Nicolecrank.com/letstalk

goalgetters

NicoleCrank

Escribe 5 razones por las que ¡NO te rendirás!

1. _____

2. _____

3. _____

4. _____

5. _____

Escribe 5 maneras en las que te levantarás otra vez.

1._____

2._____

3._____

4._____

5._____

En lo que te enfocas, tiende a manifestarse.
—NICOLE CRANK

Escribe 5 cosas que te incentivan a mantener el rumbo.

1._____
_____
_____

2._____
_____
_____

3._____
_____
_____

Así que pon la alarma y prepara tu café. Necesitas despertar listo o lista para perseguir tus sueños por la mañana.
—NICOLE CRANK

4._____

_____

_____

5._____

_____

_____

¿Qué papel juega Dios en cumplir tus objetivos? ¿Cuál es tu papel en alcanzar tus metas?

_____

_____

_____

_____

_____

_____

¿Quién te gustaría que forme parte de las cinco personas de mayor influencia en tu vida?

1._____

_____

_____

2._____

_____

_____

3._____

_____

_____

4._____
_____
_____
_____

5._____
_____
_____
_____

Paso cinco:
¡Celebra! Disfruta la recompensa

La constancia es la clave al éxito.

"Quizás no estés donde te gustaría estar, pero tampoco estás donde solías estar". —Nicole Crank

TIEMPO DE LECTURA

Lee el capítulo 1 "Paso cinco: ¡Celebra!" en el libro *Cumplidores de objetivos*, medita en las preguntas de reflexión y discute tus respuestas con tu grupo de estudio.

Cuando se trata de descanso, ¿estás haciendo un buen trabajo en apartar tiempo para rejuvenecerte, refrescarte y renovarte? ¿En qué área podrías mejorar en este aspecto?

_____
_____
_____
_____
_____
_____

¿Has escogido alguna vez una "idea buna" por encima de "una idea divina" (idea de Dios)? ¿Cómo llegaste a esta conclusión? ¿Qué aprendiste de esa experiencia?

_____
_____
_____
_____
_____
_____

PARA REFLEXIONAR

Lee Proverbios 21:5 (RVR1960)

"Los pensamientos del diligente ciertamente tienden a la abundancia; Mas todo el que se apresura alocadamente, de cierto va a la pobreza".

¿Qué haces diariamente para mimarte o cuidar de ti misma o de ti mismo? Si no estás haciendo nada actualmente, ¿qué podrías hacer? ¿Hay algún mimo o gusto que disfrutarías?

_____
_____
_____
_____
_____
_____

¿Luchas con la culpabilidad? ¿Cómo o en qué área? ¿Cómo podrías combatir la culpa de tomar tiempo para descansar, reflexionar y progresar?

_____
_____
_____
_____
_____
_____

¿Qué disfrutas hacer durante tu tiempo libre? ¿Cuáles son tus pasatiempos? ¿Qué interés o pasatiempo nuevo te gustaría aprender, desarrollar o explorar? Si tuvieras más tiempo libre, ¿en qué lo pasarías?

_____
_____
_____
_____
_____
_____

¿Quién te ayuda a relajarte, distraerte y renovarte? ¿Quiénes son las personas saludables en tu vida que te animan, te inspiran aliento y te impulsan hacia tus objetivos?

_____
_____
_____
_____
_____
_____

COMPARTE TU HISTORIA

"Necesito estar a solas muy a menudo. Sería feliz si pudiera estar sola en mi apartamento desde el sábado por la noche hasta el lunes por la mañana. Así es como recargo mi energía".
—Audrey Hepburn

Comparte tu historia en las redes sociales:

Nicolecrank.com/letstalk

goalgetters

NicoleCrank

¿Sabes cuál es tu lenguaje de amor? Si lo sabes, ¿cuál es tu lenguaje de amor principal?

_____
_____
_____
_____
_____
_____
_____
_____

A medida que avanzas en dirección a tus metas y objetivos, ¿cuáles pequeñas recompensas a lo largo del camino te han animado a perseverar? Para cada uno de los objetivos en tu lista, ¿qué recompensa y puntos de celebración podrías incorporar como motivación en tu plan?

1._____
_____
_____
_____
_____

2._____
_____
_____
_____
_____

Nuestras circunstancias no determinan nuestro destino; nuestras decisiones determinan nuestro destino.
—NICOLE CRANK

La vida no es una carrera corta, es una maratón: corre, descansa y corre otra vez!
—NICOLE CRANK

3. _____
_____
_____

4. _____
_____
_____

5. _____
_____
_____

6. _____
_____
_____

7. _____
_____
_____

8. _____
_____

9. _____
_____

10. _____
_____
_____

Bonus: Consejos, trucos e ideas clave

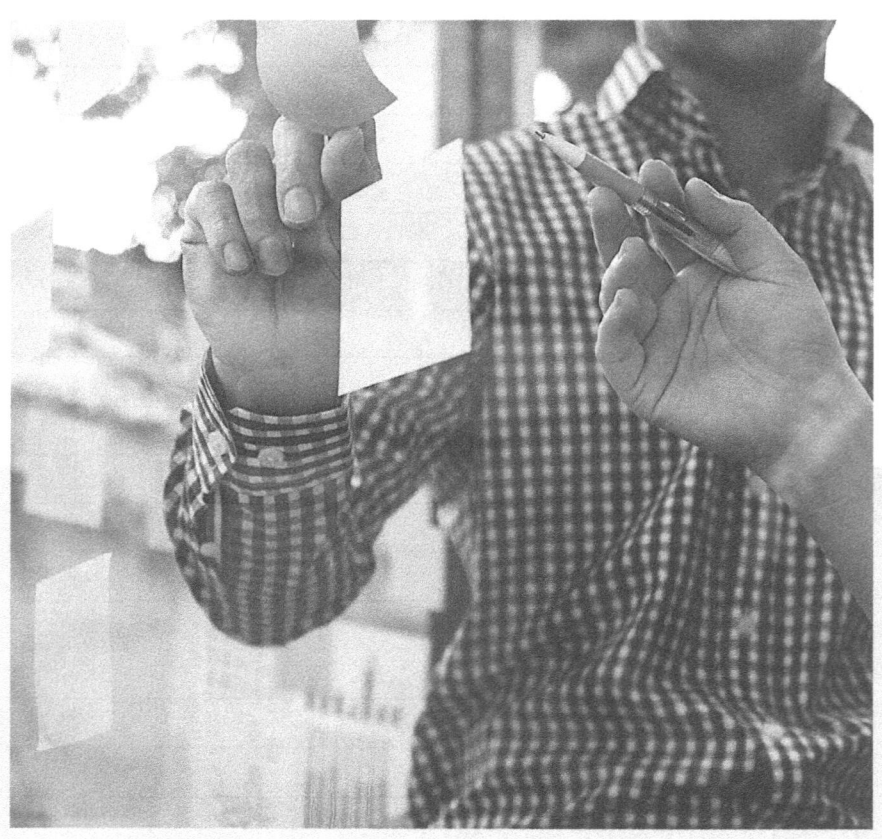

"Jesús estaba comprometido con su propósito. Él se mantuvo enfocado y mantuvo algunos límites para preservar el impulso hacia su objetivo".—Nicole Crank

TIEMPO DE LECTURA

Lee el capítulo 1 "Bonus: consejos y trucos" en el libro *Cumplidores de objetivos*, medita en las preguntas de reflexión y discute tus respuestas con tu grupo de estudio.

¿Qué trucos has descubierto que funcionan para ti? ¿Hay alguna hora específica del día o algún lugar en particular que despierte tu creatividad o tu productividad? ¿Qué rutinas, recursos y relaciones interpersonales te han ayudado a crecer y te han impulsado en dirección a tus metas y objetivos?

_____
_____
_____
_____
_____
_____

¿Usas alguna lista en especial para tus tareas diarias? ¿Qué tipo de listas usas (papel, digital, aplicación, etc)?

_____
_____
_____
_____
_____

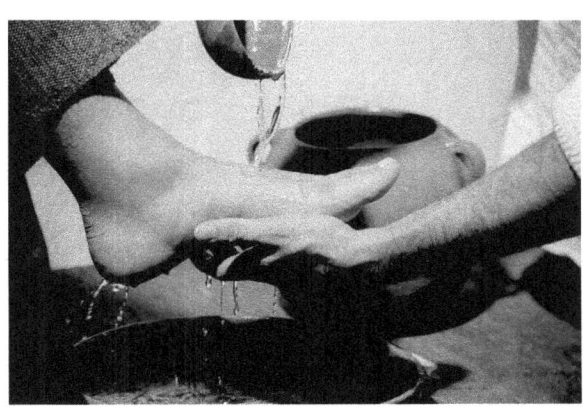

PARA REFLEXIONAR

Lee Eclesiastés 9:10 (NTV)

"Todo lo que hagas, hazlo bien, pues cuando vayas a la tumba no habrá trabajo ni proyectos ni conocimiento ni sabiduría".

¿Cuál de los "6 pasos para desarrollar una rutina feliz" fue el que más te habló? ¿Cómo puedes trabajar esta área en tu vida y aplicar ese paso?

_____
_____
_____
_____
_____
_____
_____
_____

¿Qué áreas de tu salud física necesitas mejorar?

_____
_____
_____
_____
_____
_____
_____
_____

¿Y qué hay de tu salud mental y emocional? ¿Qué trucos o pasos necesitas incorporar para mantenerte en buen estado?

_____
_____
_____
_____
_____
_____

COMPARTE TU HISTORIA

"Necesitamos restarle algunas cosas a nuestra vida para que podamos multiplicarla en las áreas que Dios quiere crecer".
—Nicole Crank

Comparte tu historia en las redes sociales:

Nicolecrank.com/letstalk

goalgetters

NicoleCrank

¿A qué has tenido que decir "no" para poder decir "sí" a algo mejor? A medida que vas en pos de tu metas y objetivos, ¿cuáles son algunas cosas a las que quizás necesites decir "no"?

_____
_____
_____
_____
_____
_____

¿Qué te está pidiendo Dios que elimines (restes) de tu vida para llegar a un nuevo nivel de intimidad, madurez, salud y éxito en Él?

_____
_____
_____
_____
_____
_____

¿Por qué es buenas noticias que Dios no se mide de nuestro valor (si merecemos algo o no)? ¿Cómo afecta nuestro valor nuestra capacidad de cumplir los propósitos que Dios tiene para nuestras vidas?

_____
_____
_____
_____
_____
_____

Al terminar este estudio, ¿hay algún plan de acción, pensamiento, alguna frase o algún punto enriquecedor que quieras recordar? Escríbelo(s) a continuación:

_____
_____
_____
_____

No te metas conmigo: ¡voy camino a algo bueno!
—NICOLE CRANK

¡Felicidades!

¡Has terminado esta guía de estudio! ¡Eres oficialmente un cumplidor de objetivos!

Ahora: ¡AVANZA!

www.ingramcontent.com/pod-product-compliance
Lightning Source LLC
Chambersburg PA
CBHW070050100426
42734CB00040B/2967